Dieses Buch stellt die Kaufbeurer Stadt- und Kreissparkasse den Kaufbeurer Kindern kostenlos zur Verfügung. Sie will damit beispielhaft die Kultur- und Traditionspflege der Stadt Kaufbeuren unterstützen.

Kaufbeurer Heimatgeschichte

Für meine lieben Kinder
aufgeschrieben und gezeichnet von
Eduard Wildung im April 1952
Neu erzählt von Fini Schuppler

Herausgegeben von
Anton Brenner

Verlage Schwangart und Bauer
1997

Am Gaistor

> Zufriedenheit und anspruchsloses Leben herrschte in Haus und Familie, tätig und geruhsam fügten sich die Tage zum Jahr, bedächtig und ohne Hast nahm man, was das Leben bot und suchte seinen Wert in sich selber.
> Kaufbeuren war eine kleine Stadt geblieben, die trotz aller Stürme viel Ehrwürdiges hinüber gerettet hat in eine neue Zeit.

Originalschrift
von dem Maler
Eduard Wildung

Ausmalbeilage zu dem Buch „Kaufbeurer Heimatgeschichte"
von Eduard Wildung.
© 1997 Verlage Schwangart - Bauer

Doch die fleißigen Bürger schufen ein Neues und der Rat der Stadt berief einen Handwerksmeister, daß er ein großes Gotteshaus aufrichte anstelle des alten, das wohl auch zu klein geworden war. Ein mächtiger Kirchenbau wuchs empor mit drei Schiffen und gotischem Zierat. In schöner Abgeschiedenheit vom lauten Durchzug der Straße stand nun St. Martin als beherrschende Mitte – allen seit langem sichtbar, die von weither kamen.

Originalschrift
von dem Maler
Eduard Wildung

Ausmalbeilage zu dem Buch „Kaufbeurer Heimatgeschichte"
von Eduard Wildung.
© 1997 Verlage Schwangart - Bauer

Liebe Kinder,

es ist doch etwas Wunderschönes, dass auf der ganzen großen weiten Welt den Kindern Geschichten erzählt werden. So ist es auch hier in unserer kleinen Stadt Kaufbeuren. Erwartungsvoll und gespannt lauscht ihr doch den Märchen und Geschichten, die euch von Mutter, Vater, Oma oder Opa vorgelesen werden. Und wie jeder Mensch, ob gut oder böse, sein eigenes Gesicht hat, so hat auch jede Stadt ihre eigene und unverwechselbare Geschichte.

Vor fast fünfzig Jahren hatte nun ein Vater, er hieß Eduard Wildung und ist vor zehn Jahren gestorben, eine tolle Idee. Er schrieb für seine beiden Buben, Heinrich und Dietrich, die Geschichte seiner Heimatstadt. Und weil er ein Kunstmaler war, zeichnete und malte er farbenfrohe Bilder dazu. Ich glaube, dass es nur in wenigen Städten ein solches Kinderbuch gibt.

Vater Wildung hat seinen Kindern oft daraus vorgelesen. Auf ihre bohrenden Fragen hat er noch viel Neues und Wichtiges zu sagen gewusst. Später haben sie dann selbst in diesem Buch die Geschichte ihrer Stadt gelesen. Sie lernten sie dadurch besser kennen und verstehen.

Ein Sprichwort sagt: „Nur was man kennt, das schätzt man." Und so wurde ihnen ihr Kaufbeuren immer vertrauter. Sie fühlten sich hier zuhause. Kaufbeuren wurde ihnen Heimat. Denn nicht nur liebe Menschen geben einem das Gefühl der Geborgenheit, sondern auch die altehrwürdigen Häuser mit ihren Gassen und Plätzen, die wehrhafte Stadtmauer, all die vielen Türme, die plätschernden Brunnen und noch so vieles mehr.
Geht mit offenen Augen durch die Stadt – und ihr werdet dabei überraschend immer Neues entdecken. Freut euch mit mir an unserem so liebenswerten Kaufbeuren! Und beginnt nun mit Freude in diesem Buch zu blättern…

Viel Spaß dabei!

Euer Stadtheimatpfleger von Kaufbeuren
Anton Brenner

Kaufbeurer Heimatgeschichte

Für meine lieben Kinder aufgeschrieben und gezeichnet von Eduard Wildung im April 1952.

In uralter Zeit gab es hier noch keine Stadt Kaufbeuren. Alles war voll Gestrüpp und Wald. Es war eine rechte Wildnis. Nur der Bär, der Wolf, das Wildschwein und andere Tiere fühlten sich hier wohl.
Nach vielen hundert Jahren erschien ein neues, seltsames Wesen: Ein Mensch. Woher kam er? Wir wissen es bis heute nicht genau. Vielleicht kam er von Norden, die Wertach entlang. Es waren Männer und Frauen, die sich Hütten aus Baumstämmen bauten. Sie aßen die Früchte des Waldes, und wenn sie großen Hunger verspürten, erlegten sie mit Waffen aus Stein und Holz ein Reh, einen Bären oder ein Wildschwein. Das reichte wieder für lange Zeit.

So wie den Tieren gefiel es auch den Menschen hier in der Gegend. Sie hatten Kinder und Kindeskinder und waren nach vielen Jahren eine große Gemeinschaft.

Sie fühlten aber, dass die Natur unbegreiflich war, und erst recht der Tod, und sie verehrten unsichtbare Gottheiten, die einem Glück und Unglück bringen konnten.

Da kam eines Tages ein Mensch in langer brauner Kutte das Wertachtal entlang und erzählte von einem Gott, der nicht launisch ist, sondern die Menschen wie ein Vater liebt. Der Mönch blieb bei ihnen und baute sich eine kleine Hütte, die Herilescella genannt wurde. Die Menschen nahmen von ihm den neuen Glauben an.

Aus dem Namen „Herilescella" wurde das Dorf Hirschzell.

Am westlichen Wertachhang haben sich die Menschen aus dem Frankenland niedergelassen. Sie bauten eine Brücke über die Wertach, die für den fränkischen König und den Handel sehr wichtig war. Um den neu erbauten Königshof herum siedelten sich Handwerker und Bauern an. Dieser Königshof ist der uralte Kern der Stadt Kaufbeuren. Heute steht an dieser Stelle das Crescentiakloster.

Die vielen Menschen wollten nun sich selbst und ihr Hab und Gut durch eine feste Mauer schützen. Das war eine schwere Arbeit für die Männer. Der Schweiß floß in Strömen, bis ein Stein auf den anderen gefügt war. Es dauerte lange, bis die Stadttore mit ihren Türmen fest in der Ringmauer standen.

Als das Städtchen fertig ummauert war, gaben sie ihm den Namen Buron. Später wurde daraus Beuren. Weil es hier gute Gelegenheit zum Kaufen und Handeln gab, so nannte man diese Stadt schließlich Kaufbeuren.

Die Stadtmauer wird gebaut + 1200 +

Ein Freudenfest für die Stadt: Der junge König Konradin reitet, von seinem Erzieher und Lehrer Volkmar auf Burg Kemnat herkommend, zum Kemnater Tor ein. Viele Ritter sind in seinem Gefolge. Fahnen flattern im Wind. Die Einwohner jubeln ihm zu.
Er ist auf dem Weg nach Italien, bereit zum Kampf gegen die Feinde seines Königreiches. Doch er kehrte nicht mehr zurück. Er geriet in die Hände seiner Gegner und mußte mit 16 Jahren fern der Heimat sterben.

Konradin's Einzug 1264

Einmal wurde die Stadt acht Tage lang von Feinden belagert.
Mit dem „Widder", einem Prellbock, wollten sie die Tore einrammen. Mit Wurfmaschinen bedrohten sie jeden, der sich auf der Mauer blicken ließ.
Aber die Menschen von Buron wehrten sich und gaben nicht auf.
So zog das Kriegsvolk wieder ab. Die Gefahr war vorüber und auch all der Lärm und Schrecken.

Doch dann verwüstete ein schwerer Brand die Stadt. Der Bub hier auf dem Bild läutet gerade die Feuerglocke, die alle Bürger zum Löschen rief. Auch die Kinder mußten beim Füllen der Löscheimer helfen. Umsonst! Hoch auflodernd griffen die Flammen um sich, verbrannten Haus um Haus, denn die meisten Häuser waren ja aus Holz gebaut. Man konnte über die Trümmer von einem Stadttor zum anderen sehen.

Die Stadt brennt + 1325 +

Was half das Jammern! Die Bürger ließen ihre Köpfe nicht lange hängen. Sie bauten die Häuser neu auf, die nun aus Stein waren, und hofften mit Fleiß und Vertrauen auf die Zukunft. Etwa hundert Jahre später errichteten sie sogar ein neues Gotteshaus an der Stelle der alten Kirche, die ihnen zu klein vorkam. Am Turm bauten sie vier Jahre lang, und das Kirchenschiff - so nennt man den Gebetsraum einer Kirche - wurde erst nach fünf Jahren fertig. Noch immer steht die Sankt Martinskirche mächtig und weithin sichtbar am ruhigen Ort des Kirchplatzes.

Kaiser Maximilian I. hat Kaufbeuren vierzehnmal besucht.
Er nannte sie seine „vielliebe Stadt". Er hatte große Freude am
Armbrustschießen beim Fünfknopfturm. Manche Leute glauben,
dass er bei dieser Gelegenheit das Tänzelfest gestiftet hat.
Aber das ist wohl nur eine Sage.
Kaiser Maximilian war huldvoll zu den Bürgern und deswegen auch
sehr beliebt. An der Stelle der heutigen Dreifaltigkeitskirche besaß er
ein eigenes Haus. Die Straße hieß damals noch „Am Markt". Ihm zu
Ehren wurde sie später „Kaiser-Max-Straße" genannt.

Kaiser Maximilian

Zu dieser Zeit gab es tüchtige Handwerksmeister und Künstler in der Stadt. Sie konnten mit Meißel und Schnitzmesser, mit Stift und Zirkel geschickt umgehen. Jörg Lederer war und ist der berühmteste von ihnen. Er hat viele Heiligenfiguren geschnitzt.
Auch der wunderschöne Altar in der Blasiuskirche ist von ihm gefertigt worden. Ein anderer tüchtiger Bildschnitzer war Hans Kels. Es gibt von beiden Meistern viele Kunstwerke, die wir heute noch bewundern.

Auf die Jahre des Friedens und der Eintracht folgten dreißig Jahre Zwietracht und Krieg im ganzen Land. Kaufbeuren blieb davon nicht verschont. Abwechselnd wurde die Stadt von Protestanten oder Katholiken eingenommen und besetzt. In einem einzigen Jahr wurde Kaufbeuren zehn Mal ausgeplündert.
Oft sind feindliche Reiter vor die Tore der Stadt gekommen. Wir sehen sie hier am Rennweger Tor, das vor dem heutigen Ringweg stand.
Sie überreichten einen Fehdebrief. Fehde hieß Krieg, und das bedeutete: Belagerung, Plünderung und Hungersnot.

Der Fehdebrief + Rennweger Tor +

Noch ein Bild des Krieges zwischen Kaiserlichen und Protestanten: Soldaten stellen eine Kanone auf. Einer stopft gerade eine Kugel ins Rohr. Sie wollen die Stadtmauer zerstören. Zu ihrem eigenen Schutz haben sie Mauern aus Holzpfählen mit Weidengeflecht aufgerichtet.

Aus dem 30 jährigen Krieg –

In dieser schweren Zeit breitete sich dazu noch eine schwere Krankheit aus, die meistens tödlich endete: die Pest.
Auf Handkarren wurden die Toten scharenweise zum Pestfriedhof gefahren. Wegen der großen Ansteckungsgefahr trugen
die Leute Tücher vor dem Mund. Die Tücher schienen aber nicht viel genützt zu haben. Zwei Drittel der Einwohner sind gestorben. Ganze Familien wurden ausgelöscht.

Die Pest.

Und als der Friede verkündet wurde, blieb ein vollkommen verödetes und verarmtes Städtlein zurück. Es verging eine sehr lange Zeit, bis sich die Stadt von dem Kriegsunglück erholt hatte. Aber endlich waren Missgunst und Zwietracht begraben. Und jeder, ob Katholik oder Protestant, dankte dem Schöpfer auf seine Weise.

33

Nur langsam erholten sich Stadt und Land vom Krieg und von der Pest. Das alte Kaufbeuren blieb eine kleine Stadt. Viel Wertvolles und Ehrwürdiges konnte aus der Vergangenheit gerettet werden bis in unsere Zeit.

Das Kemnater Tor ist leider eingestürzt, aber das kleine Zollhäuschen steht noch heute an seinem Platz wie eh und je.

Am Gaistor

Das schöne Spitaltor wurde abgebrochen. Die Spitalkirche gibt es nicht mehr. Nur das Gewölbe ist in einem neugebauten Haus erhalten geblieben.

Es gibt wahre und erfundene Geschichten. Dieses Buch ist eine wahre Geschichte, die Geschichte unserer Stadt. Wer richtig hinschaut, der sieht unsere alten Gebäude und Türme nun mit anderen Augen an. Sie stehen so richtig trotzig da, als wollten sie sagen:

„Keiner soll uns anrühren. Wir gehören zu dieser Stadt wie Augen oder Nase zum Gesicht eines Menschen!"

Und wie jeder Mensch sein eigenes Gesicht hat, so hat auch jede Stadt ihr eigenes Gesicht und ihre eigene, unverwechselbare Geschichte.

Am Spitaltor

Der Maler Eduard Wildung

Eduard Wildung, geboren am 12. Mai 1901 in Kaufbeuren als siebtes und letztes Kind einer Kaufbeurer Bürgersfamilie, studierte nach Abschluß seiner Schulzeit und Ausbildung als Lithograph und Zeichner an der Staatlichen Kunstakademie in Stuttgart bei den Professoren Waldschmidt und Eckener. Kunstreisen führten ihn durch Süddeutschland, Oberitalien, mit dem Fahrrad bis Rom und nach Paris. Im Laufe seines späteren Malerlebens wurde er Ehrenbürger der Südtiroler Stadt Klausen.

Namhafte Künstler waren seine Freunde: Der bekannte Klausener Bildschnitzer Gallmetzer, Kunstmaler Kauzmann, Wolf-Ferrari, der Opernkomponist und andere mehr..
Der freischaffende Künstler wurde später im Stadtbauamt „der Stadtmaler" seiner Heimatstadt Kaufbeuren. 750 Fassaden der Innenstadt stammen von seiner Hand.
Eine seiner Kunstmappen liegt in der Bayerischen Staatsbibliothek in München auf.
Ausstellungen seiner Werke fanden im Augsburger Schätzlerpalais, in München und Kempten statt, die letzte in Kaufbeuren zu Ehren seines 80. Geburtstages.
Am 09.02.1987 starb er nach einem unermüdlich tätigen Malerleben in Oberbeuren, wo er mit seiner Familie im ehemaligen „Schlößle" gelebt hatte.

Marianne Ziegler

Geschichtszahlen

Kaufbeuren

um 740	Fränkische Siedlung: Mittelpunkt der Königshof, der im 14. Jahrhundert Klosterbesitz wird.
1116	Erste urkundliche Nachricht über Kaufbeuren
um 1200	Bau der Stadtmauer, mit gleichzeitiger Erweiterung der Stadt nach Süden.
1240	Erwähnung von „unser stat zu bueron" (Buron) durch Königsurkunde von Konrad IV.
1268	Mit Konradins Tod fällt die Stadt an das Reich.
1286	Durch Rechtsbrief werden ihre Privilegien als „Freie Reichsstadt" bestätigt.
1325	Brand der Stadt
1404	Baubeginn des Martinsturmes
1438-1443	Bau der St. Martinskirche
um 1420	Bau der Befestigungstürme und Ausbau der Stadttore
1485	Weihe der St. Blasiuskirche
1494-1518	Kaiser Maximilian I. vierzehnmal in Kaufbeuren
1504	Der Kaiser erwirbt ein eigenes Haus am Markt.
1520	Die Reformaton erreicht Kaufbeuren
1557-1604	Martinskirche dient beiden Konfessionen als Gotteshaus
1604	Kaiserhaus wird zur protestantischen Dreifaltigkeitskirche umgebaut.
1618	Beginn des 30jährigen Krieges
1628-1632	Ausweisung der Evangelischen aus der Stadt
1628	2000 Personen sterben an der Pest.
1629	Zerstörung der Dreifaltigkeitskirche
1731	Die ausgewiesenen Salzburger Protestanten werden in der Stadt aufgenommen.
1802	Kaufbeuren wird bayrisch
1805	Rennwegertor abgebrochen
1807	Spitaltor abgebrochen
1810	Kemnater Tor (Gaistor) eingestürzt
1820	Erneuerung der Dreifaltigkeitskirche und Bau des Turmes

Oberbeuren

	wohl noch im 6. Jahrhundert als alemannische Siedlung entstanden.
vor 800	Fränkische Kirchengründung
1301	Haus-Nr. 52 (Lehner) Königlicher Maierhof
1574	„Unser" Wohnhaus erbaut als „Schlößle" von Thimotheus Rehlinger zu Leeder.
1632	Das „Schlößle" wird von den Schweden geplündert.
1687-1689	Über die Stadt Kaufbeuren kommt das „Schlößle" an das Spital.
1709-1710	Bau der jetzigen Pfarrkirche durch Pfarrer Johannes Biechele aus eigenen Mitteln
1740	Neubau des Pfarrhofs
1766	Raymund Kohler aus Kaufbeuren rettet durch Kauf das „Schlößle" vor dem Abbruch.
1810-1923	Das „Schlößle" wird als Schulhaus genutzt.
ab 1923	Privatbesitz
1940-1987	Vom 1. August 1940 bis zu seinem Tod am 9. Februar 1987 wohnte Kunstmaler Eduard Wildung im „Schlößle".

Der Herausgeber dankt dem Oberbürgermeister der Stadt Kaufbeuren, Herrn Andreas Knie, und dem Sparkassendirektor Herrn Johann Marschall für die finanzielle Unterstützung.
Der Enkel des Verfassers, Michael Wildung, stellt den Erlös aus dem Verkauf des Buches für bedürftige Kinder aus Stadt und Land zu Verfügung.

Die Deutsche Bibliothek - CIP Einheitsaufnahme
Wildung, Eduard: Kaufbeurer Heimatgeschichte/hrsg. von Anton Brenner,
Kaufbeuren: Schwangart, Bauer, 1997
ISBN 3-930888-49-1

Impressum:

Gestaltung:	Hans Holzmann Grafik, Bad Wörishofen
Realisation:	Michael Wildung
	Jürgen Kraus
	Winfried Schwangart
Lithografie:	Offset Repro H. + W. Schwangart, Kaufbeuren
Druck:	Druckerei Holzer, Weiler

© 1997 Wildung
© 1997 Schwangart Verlag, Kaufbeuren
© 1997 Bauer Verlag, Thalhofen